Aurikelchen

Richard Dehmel
(aus *Der Kindergarten*)

Alexander Zemlinsky
(Hg./ed. Antony Beaumont)

Sy. 5023

seid ja selbst so gelb wie Gold, ihr habt ein ro - tes Herz - chen, ein

seid ja selbst so gelb wie Gold, ihr habt ein ro - tes Herz - chen,

seid ja selbst so gelb wie Gold, ihr habt ein Herz - chen, ein

seid ja selbst so gelb wie Gold, ihr habt ein Herz - chen

ro - tes Herz - chen, was sollt ihr denn, was sollt ihr denn noch mehr!

hell - rot, was sollt ihr denn noch mehr!

ro - tes Herz - chen, was sollt ihr, sollt ihr noch mehr!

hell - rot, was sollt ihr, was sollt ihr noch mehr!

4